Lettres Politiques

SUR

L'ÉTAT DES AFFAIRES

DE

FRANCE.

Première Lettre.

PARIS.

IMPRIMERIE DE SELLIGUE,

RUE DES JEUNEURS, N. 14.

—

1831.

LETTRES POLITIQUES

SUR L'ÉTAT

DES AFFAIRES DE FRANCE.

———— ✦ ————

PREMIÈRE LETTRE.

A MONSIEUR CASIMIR PÉRIER,

PRÉSIDENT DU CONSEIL DES MINISTRES.

————————

Paris, le 1er Novembre 1831.

MONSIEUR,

Elevé à la triste école des révolutions qui ont déchiré le sein de ma patrie ; instruit par le spectacle des malheurs qui ont accompagné l'émancipation des colonies du Nouveau-Monde ; tour-à-tour acteur et victime dans les drames sanglans qui ont signalé ces diverses catastrophes, j'en avais retiré la profonde conviction que les révolutions politiques, pour être des bienfaits pour les peuples, il ne suffit pas qu'elles soient l'œuvre de la volonté générale ; elles ne peuvent se consolider ni s'affermir que par l'action du pouvoir fortement exercé dans l'intérêt de l'ordre autant que de la liberté.

Nos doctrines libérales ouvrent d'ailleurs tellement le champ aux passions et à leurs exigences, souvent même au désordre, au moment surtout où, victorieuses des doctrines contraires, elles acquièrent un développement supérieur à la somme de liberté comportée par les mœurs du pays où elles s'établissent, que, dès le jour qui consomma la mémorable révolution de juillet, mes yeux cherchèrent avec inquiétude l'homme d'état capable de surmonter la terrible crise qui nous menaçait, le citoyen assez ferme et en même temps assez populaire pour s'emparer de la confiance publique, pour satisfaire les vœux légitimes, et pour assurer le triomphe de notre sainte cause, en maîtrisant, pour les diriger dans un but gouvernemental, toutes les forces morales de la révolution.

Pendant quinze ans vous aviez partagé les travaux de la gloire des plus illustres défenseurs de la liberté constitutionnelle; j'avais applaudi à la courageuse persévérance dont vous aviez fait preuve dans votre lutte contre M. de Villèle. Les qualités supérieures dont on faisait honneur à votre caractère, m'avaient rempli d'estime et de confiance pour votre personne. Je m'étais accoutumé à vous regarder comme un homme doué d'un ardent patriotisme, d'une conviction profonde, d'un attachement inébranlable aux principes généreux que vous aviez professés à la tribune; comme joignant enfin à une capacité supérieure un système et des idées arrêtées sur les affaires du gouvernement.

Je considérais ces dons précieux comme si indispensables dans un ministre libéral, appelé à conduire les affaires d'un grand peuple après une révolution qui avait ébranlé le monde, et du succès de laquelle allaient dépendre l'avenir de la France, la paix et le bonheur de l'Europe, que, dédaignant les accusations dont vous étiez l'objet, je saluais avec confiance votre arrivée au pouvoir. Il m'était cependant déjà donné de prévoir que votre politique repousserait toute guerre de principes, et partant, toute solidarité, et tout patronage aux proscrits étrangers, classe à laquelle je me fais gloire d'appartenir. Mais intimement persuadé que vous sauriez défendre les intérêts et l'honneur de la France, il me suffisait que son influence fût étendue et que sa dignité fût respectée au dehors; la conséquence immédiate en était à mes yeux la répudiation de l'exécrable droit public introduit en Europe par la ligue des rois coalisés contre la France, et d'après lequel, faisant marcher leurs armées là où un gouvernement libre essaie de s'établir, l'indépendance des nations secondaires se trouve entièrement détruite, la liberté politique frappée d'anathème et de proscription, et la force brutale substituée à la raison et au droit au sein de l'Europe civilisée.

Aucune des grandes questions que soulevait en Europe la nouvelle situation de la France n'avait encore été résolue au moment de votre entrée au pouvoir. Elles attendaient une solution, que vous fûtes appelé à donner. Tout se trouvant aujourd'hui consommé, c'est à vous qu'appartient en entier la responsabilité du système qui a été suivi.

Mais avant de me livrer à l'examen de ce système, objet principal de cette lettre, il m'est nécessaire d'établir quelle était la situation comparative de la France et de l'Europe après la révolution de juillet.

Pour bien saisir toute la portée de cet événement, il faut se rendre compte des véritables causes qui le produisirent. Des hommes dont je respecte infiniment l'opinion ont soutenu que la révolution de juillet ne fut autre chose que la revendication de la loi outragée par un pouvoir parjure, et ont affirmé que le rétablissement de la Charte terminait la révolution dans sa cause aussi bien que dans ses effets.

Les ordonnances illégales de Charles X furent évidemment l'occasion, mais elles ne furent pas la cause de la révolution de juillet. Le renversement du trône, l'expulsion de toute une dynastie, s'expliquent par des faits indépendans et même antérieurs au ministère Polignac.

Il y a un caractère distinctif auquel on a pu toujours reconnaître la véritable opinion nationale en France, et la distinguer des manifestations passagères, et des misérables flagorneries qui ont encensé les différens pouvoirs qui se sont succédés. Ce caractère consiste en un attachement profond chez le peuple pour la révolution de 89; dans des sympathies fortes, généreuses pour tous les souvenirs et pour toutes les gloires dont elle fut la source.

En 1814, àl'époque des malheurs de la France, les. . . . les hommes qui, trahissant le drapeau national, s'associèrent à l'étranger, maître alors de la capitale, et se firent ses intrumens pour renverser le seul gouvernement, qui, malgré l'excès des calamités publiqnes, eût pu obtenir une paix honorable; ces hommes, cherchant à couvrir leur cupidité du voile de l'intérêt public, prétendirent que la honteuse intrigue qui avait appelé au trône des princes qui en payèrent la mise en possession au prix de l'humiliation de la France, était une transaction entre le présent et le passé, une sorte de compromis entre l'ancienne société et la société moderne. Cette pensée philosophique n'était qu'un mensonge de plus dans la bouche de ces apostats. La véritable fusion des besoins et des intérèts des deux époques, la réhabilitation réclamée par les mœurs et les habitudes de nos pères, avaient été pleines et entières sous l'empereur Napoléon. Son gouvernement avait mis terme aux réactions, fait la part de tous les droits, concilié tous les intérêts; rien ne restait à faire après lui, à l'esprit de réparation : aussi la restauration fut-elle toujours aux yeux du peuple l'expression vivante de sa défaite. Jamais il ne cessa de la considérer comme une *lieutenance générale* de l'étranger. Si cette vérité avait besoin de preuves, l'histoire de 1815 m'en dispenserait entièrement.

Un profond sentiment de dégoût pour les Bourbons était donc resté dans les masses. La prospérité matérielle qui signala la fin du règne de Louis XVIII, ni celle plus grande encore qui caractérisa la durée du règne de Charles X, ne suffirent pas à effacer ces dispositions.

Ce furent les classes de la population chez qui ces sentimens et cette antipathie étaient plus profonds qui à elles seules, vous en conservez le souvenir, donnèrent à l'insurrection parisienne le caractère prononcé qui entraîna la chute des Bourbons. En elles-mêmes, les ordonnances n'attaquèrent ni les droits ni le bien-être de la partie la plus nombreuse du peuple exclue par la Charte de la jouissance du droit électoral. La suppression de la liberté de la presse blessait les classes hautes et moyennes; mais elles auraient été impuissantes à renverser l'autorité, si la haine du peuple contre la dynastie régnante n'était venue servir leur ressentiment.

S Charles X eût été un prince populaire, s'il était monté sur le trône conformément au vœu

national , le coup-d'état lui aurait probablement
réussi. L'ex-roi sentait bien que la lutte parle-
mentaire engagée par ses ministres ne l'était' pas
avec la nation , sur le point en litige , mais seulement avec la couronne et une classe privilégiée.
La cour jugea le peuple indifférent dans la contes-
tation; probablement il l'était sur la question constitutionnelle; mais les Bourbons ne comprirent
pas que, fort et respecté comme élément d'ordre
public, leur trône n'aurait plus de base dès qu'il de-
vrait chercher son appui dans les suffrages du pays.

L'affront reçu par la France en 1814, voilà qui
renferme à mes yeux tout le secret de la journée
du 29 juillet.

L'exclusion de toute une race royale , le renouvellement de la constitution , l'adoption des *cou-
leurs nationales*, l'élection d'un nouveau monarque,
sont des actes qui donnèrent à la révolution de
1830 ce caractère politique et moral qui l'identifie
avec la révolution de 89, berceau de l'illustration
de la gloire et de la puissance du peuple français.

Pénétrée de ce sentiment , la nation s'associa
avec enthousiasme au triomphe de la capitale, et
relevée par sa délivrance à toute la hauteur de son
ancienne gloire , ses chants de victoire annoncè-
rent au monde que le grand peuple était encore
debout.

Forte alors de sa civilisation , de l'accroisse-
ment rapide de sa population belliqueuse, des

richesses accrues par l'accumulation de capitaux créés pendant une longue paix, le premier besoin de la France semblait être celui de reprendre ce rang et cette considération dont l'opinion nationale accusait les Bourbons d'avoir dépouillé le pays.

D'un autre côté, les rois de l'Europe, surpris par l'évènement, virent leurs États exposés à l'invasion du torrent révolutionnaire, et tremblèrent pour la stabilité de l'ordre de choses à l'abri duquel ils existaient depuis quinze années. J'aurai occasion de vous démontrer dans une prochaine lettre que, dans le premier effroi qu'elle leur causa, les puissances étrangères attendirent, presque avec la résignation d'un arrêt du destin, le contre-coup dont les menaçait la révolution de juillet.

Les évènemens ne justifièrent que trop ce pressentiment. A peine trois mois s'étaient-ils écoulés, que déjà la Belgique, la Suisse et la Pologne se trouvaient en pleine insurrection. L'Allemagne elle-même se vit en proie à des orages, précurseurs de l'incendie qui n'est peut-être que mal éteint dans cette terre de persévérance et de progrès.

La sympathie la plus vive pour votre révolution était devenue le sentiment domimant chez vos voisins ; dans toutes les nations de l'Europe il s'était formé un foyer de partisans de la France; une opinion publique, favorable à sa politique et à ses projets, s'était prononcée dans leur sein. D'aussi précieux auxiliaires ne demandaient qu'à être dirigés par une politique habile, pour rendre à la France tout son ancien ascendant en Europe, sans qu'il lui en coutât une seule goutte de sang.

Il fut évident pour les puissances étrangères que dans, l'intérêt de sa propre conservation, la révolution française ne pouvait pas entièrement renoncer à faire prévaloir les intéréts politiques qu'elle avait créés. Il leur était facile de prévoir qu'une modification plus ou moins importante dans les traités de 1815 deviendrait la conséquence inévitable du renversement de l'ordre de choses que ces traités avaient été appelés à garantir.

La plus grande modération de la part de la France ne pouvait suffire à dissiper d'aussi justes craintes. Le maintien des traités n'était pas autant menacéà cause de votre disposition à les enfreindre, que par suite des révolutions qui pouvaient éclater en Europe indépendamment de votre concours.

Dans ce cas, il était impossible aux puissances étrangères de supposer que la France ne chercherait pas à profiter des événemens et des embarras au milieu desquels elles se verraient jetées, qu'elle renoncerait à obtenir une révision équitable des actes conclus à son détriment.

La générosité dont la France pouvait user à l'égard des cabinets de la coalition, sa déclaration qu'elle renonçait à transgresser les frontières que lui assignait le traité de Paris, étaient de véritables sacrifices de sa part, le gage le plus sincère qu'elle pouvait offrir à l'Europe de son ardent désir d'assurer le maintien de la paix.

Le respect de la foi jurée ne pouvait vous en imposer davantage.

En admettant le *statu quo*, en rassurant vos voisins sur les craintes que pouvait inspirer l'esprit de conquête et d'envahissement dont on accuse le peuple français, il était révoltant de prétendre qu'il ferait abnégation de ses intérêts les plus chers, qu'il dût s'engager à demeurer les bras croisés, simple spectateur de tout ce qui se passerait en Europe, quels que fussent d'ailleurs les événemens qui surviendraient sur le continent. *Le statu quo*, une fois altéré, non plus par le fait de la nation française, mais par la force des choses, la France pouvait-elle laisser faire les autres puissances, et prêter ainsi son concours pour qu'on replaçât tranquillement l'Europe sous l'empire des traités conclus pour consacrer son abaissement ?

Les devoirs que cette situation imposait au gouvernement n'avaient pas échappé au cabinet qui précéda la formation de celui dont vous êtes le chef. Un ministre, aujourd'hui votre collègue, déclara à la tribune de la Chambre des Députés *que la France désirait le maintien de la paix, mais qu'elle était en état de la dicter aux étrangers, et non de la recevoir d'eux.*

Examiner si la paix que vous vous êtes efforcé

de conserver a été conforme à cette déclaration ;
si elle a garanti les intérêts et satisfait à l'honneur
de la France; si, dans les grandes transactions politiques qui ont été consommées sous votre ministère, vous avez répondu à la haute opinion de
capacité qui vous avait précédé au pouvoir; si votre
administration et vos actes ont été tels enfin que
les amis sincères de la liberté étaient en droit
d'attendre de l'homme qui mérita leur confiance
et qui fut long-temps l'organe de leurs opinions,
tel est le sujet que je me propose de traiter dans
cette lettre : je m'en acquitterai avec franchise et
surtout avec bonne foi.

On peut résumer en un seul mot tout votre sys-
tême politique; vous-même vous l'avez ainsi for-
mulé :

LA PAIX,

Comme vous, je crois que la conservation de
la paix était un bienfait immense, une conquête à
arracher aux ressentimens et aux passions, au
profit de la civilisation et de la liberté.

J'admets que la France pouvait trouver des ga-
ranties pour son indépendance et des titres à une
nouvelle gloire dans une politique ferme et habile,
sans courir les chances d'allumer une guerre générale en Europe ; mais pour éviter d'avoir à su-
bir un jour cette guerre comme une nécessité, il
lui devenait nécessaire de conserver la position

où l'avait placée la révolution de juillet: car là consistaient sa force et l'immense supériorité qu'elle pouvait exercer sur ses voisins.

Alors les puissances étrangères auraient fait à vos intérêts des concessions analogues à celles que vous auriez faites à leur existence et à leur repos. Pour être stable et solide, la paix devait admettre des sacrifices proportionnels.

Votre respect pour les traités, votre sanction pour les droits acquis n'excluaient pas la prédilection due aux intérêts susceptibles d'étendre et d'augmenter au-dehors l'influence du nom français.

Un objet principal, constant, privilégié, devait surtout animer la politique et être inséparable de la pensée du gouvernement français, dans ses transactions avec les puissances étrangères ; c'était de mettre à profit toutes les circonstances, de diriger toutes les négociations, de traiter toutes les affaires dans des vues propres à obtenir des compensations pour les douloureux sacrifices imposés à la France par le traité de Paris.

Ce système, appliqué avec modération, mais avec prévoyance et fermeté, était en tout conforme à une *politique régulière,* et rentrait dans le cercle *d'intérêts positifs* que vous semblez vous être exclusivement tracé.

Il vous aurait conduit à reconnaître que, tout en admettant les bases des traités de 1815, il ne

vous était pas permis de perdre de vue que ces traités reconnaissent avoir pour but de rétablir
le même équilibre qui avait existé en Europe avant
les guerres de la révolution, et qu'à cette fin ils
disposent que chaque puissance reprendra ses
anciennes possessions.

Cependant chacune des parties contractantes,
la France seule exceptée, acquit, au mépris de
ce principe, plus de territoire qu'elle n'en avait
jamais possédé. L'Autriche, la Prusse, la Russie
agrandirent considérablement leurs frontières,
et ajoutèrent à leurs anciens domaines de vastes
provinces et des millions de sujets. Il en résulta
que la Prusse, l'Autriche, la Russie étaient de-
venues plus *grandes*, plus puissantes qu'elles ne
l'étaient en 1789, tandis que, pour me servir de
l'expression d'un de vos orateurs, *on fit une France*
plus *petite* et plus faible que ne l'était la France
d'avant la révolution.

Non contentes de s'être réparti vos dépouilles,
et ne trouvant plus de commode partage pour
s'adjuger entre elles les restes de leur immense
butin, les puissances coalisées avaient créé au
nord et au midi deux nouveaux royaumes, les
Pays-Bas et le Piémont, spécialement destinés
à servir d'avant-postes contre la France.

Et lorsque, sans provocation de sa part, sans
qu'elle envoyât la guerre à ses voisins, donnant
l'exemple d'un religieux respect pour la foi pro-

mise, la révolution de juillet, par le seul effet de
sa magique influence sur le reste de l'Europe,
voyait s'écrouler l'édifice construit par la coalition ;
quand, encore émus et encouragés par votre exemple, les peuples du continent, protestant contre
les traités, s'étaient levés pour les mettre en piè-
ces ; quand, accablées par la multitude des insur-
rections, les puissances étrangères, encore à demi-
armées, comptaient à peine sur la force nécessaire pour maintenir leur autorité dans leurs propres Etats ; quand tous ces événemens se passaient
en Europe, quelle devait être la conduite que le
devoir, l'honneur, l'intérêt de la France, l'instinct
de sa position, prescrivaient à son gouvernement?

Ce fut dans ces circonstances graves que vous
furent remises les destinées de votre patrie.

La Belgique, victorieuse de ses dominateurs et
arrêtée dans sa marche triomphale, alors que,
remplies d'enthousiame, ses armées allaient fon-
dre sur la Hollande, venait de se placer sous le protectorat de la France. Rien n'avait encore été ar-
rêté, relativement au sort de la Belgique, par
les grandes puissances au moment de votre entrée
au ministère, rien par vos prédécesseurs de nature à lier la politique de la France sur cette
question. Vous entriez donc au pouvoir, libre
d'engagemens et maître d'adopter un système dont
la responsabilité ne pouvait retomber que sur
vous.

La Pologne, déjà engagée dans sa lutte inégale avec la Russie, et en faveur de laquelle le précédent ministère n'avait pas pu agir d'une manière pratique, venait de remporter les brillantes victoires qui lui valurent les applaudissemens et l'admiration de l'Europe. Le caractère que ces triomphes avaient imprimé à la révolution polonaise, joint à la gravité des événemens qui, par une coïncidence heureuse, se passaient alors dans l'Italie centrale, complétaient pour la France la série d'événemens offerts à sa nouvelle fortune pour réparer ses anciens désastres, affermir sa puissance et étendre son influence, non plus cette fois en humiliant les peuples par des conquêtes, mais en devenant leur arbitre, le médiateur bienfaisant entre les nations et leurs chefs.

J'avais jugé votre esprit à la hauteur de cette situation ; j'avais cru que votre âme était accessible aux émotions de l'homme d'état.

Examinons maintenant ce que vous avez fait. Recherchons si entre la satisfaction des clameurs démagogiques, le renversement des trônes, la guerre universelle que vous redoutiez et que vous vouliez éviter, et l'abandon des intérêts de la France, les sympathies absolutistes, et la répudiation de vos opinions et de vos doctrines, qu'il m'était si difficile de prévoir, il n'y avait pas un terme juste et des voies politiques, raisonnables, seules dignes d'un représentant de l'opinion libérale, de l'homme porté au pouvoir par la puissance de son ancienne popularité, et dans lequel les amis de la liberté étaient fondés à croire qu'ils trouveraient un guide, un soutien et en quelque sorte un tuteur bienveillant.

Dès le début de la révolution belge, on peut reprocher au gouvernement français d'avoir méconnu ou négligé la seule politique qui convînt à ses intérêts. Il commit une faute grave en laissant livré à lui-même et sans direction, le puissant parti qui poussait à la réunion à la France. — Mais ce reproche ne s'adresse pas à votre administration. Je ne parlerai même pas de la facilité et des avantages de la réunion ; cela pourrait porter la discussion sur l'hypothèse de la guerre. — Et je ne veux raisonner que dans le système de la paix, c'est-à-dire dans celui de concessions réciproques qui devaient en assurer le maintien.

Imitant en cela vos prédécesseurs et vos adversaires eux-mêmes, vous avez considéré la question belge, dans ses rapports avec la politique européenne, comme une question de révolution. — C'était cependant mal habile de la part du cabinet français, de traiter une pareille question sous ce point de vue, vis-à-vis de l'Europe. Donnant pour motif de son intervention et de ses démarches en faveur de la Belgique, la confraternité de sa révolution avec la révolution de juillet, la répugnance

qu'elle éprouvait pour une restauration à Bruxel-
les, la France introduisait des principes qui, nouveaux en diplomatie, étrangers au droit positif des
nations, devaient donner à ses adversaires des
avantages marqués dans les négociations. Traduire une révolution populaire et démocratique
devant une conférence composée des représentans
des membres du congrès de Vienne, était assuré-
ment la mettre dans une position bien fausse.
Aux yeux des cabinets, les révolutions n'étant
que des révoltes criminelles, la cause que vous
étiez chargé de défendre se dépouillait de tout
autre titre, étranger à votre protectorat, et par
ce fait même que la Belgique semblait ne pui-
ser ses droits que dans votre intercession, la conférence devenait maîtresse absolue d'une affaire
dans laquelle, ainsi posée, tout était concessions de sa part. On ne pouvait s'exposer à plus
mal servir la cause belge, tout en laissant à la conférence le rôle de vous obliger.

Comment, me dira-t-on, fallait-il donc traiter
pour assurer l'indépendance et les droits de nos
frères de Belgique ?

Il fallait ne pas traduire leur révolution devant
le tribunal des puissances. La question territoriale
était la seule dont l'Europe eût à s'occuper.

Le traité de Vienne à la main, vous pouviez
dire: « Le royaume des Bays-Bas créé par vous
» en 1815, et dont j'ai respecté l'indépendance, est

» tombé par lui-même en dissolution. S'il est re-
» connu que la Belgique ne puisse plus former
» un même état avec la Hollande, la simple dé-
» claration de ce fait établit le droit incontestable
» qu'aurait la France à réclamer sa réintégration
» dans la jouissance de ces belles provinces. Elles
» appartenaient à l'Autriche avant la prem ère
» révolution ; l'Autriche les céda par le traité
» de Campo-Formio, en échange du territoire de
» l'ancienne république de Venise, territoire qu'elle
» conserve et que nulle puissance n'aurait au-
» jourd'hui le droit de réclamer. Cette Belgique,
» que son assentiment réunit à la France en 1814,
» et que la cession de l'Autriche rattacha défi-
» nitivement à notre sol, en était donc devenue
» une partie intégrale d'après tous les principes
» du droit des nations. Vous nous en avez dé-
» poulliées en 1814, à l'époque de nos malheurs ;
» maintenant nous aurions le droit ainsi que le
» pouvoir d'en exiger la restitution. L'amour de la
» paix, le désir d'éloigner de l'Europe le fléau d'une
» guerre, peuvent seulement porter la France à
» se désister de sa légitime prétention.

Une déclaration semblable changeait complètement les rôles; c'était dès lors à la France à
ccorder, à mesurer les concessions.

La question ainsi posée, la Belgique devenait
pour vous un moyen de négociation utile. Le plus
grand obstacle à la réunion étant la vieille jalousie

de l'Angleterre, c'était auprès d'elle qu'il fallait
tirer parti de votre *désistement.* Le ministère
Whig se voyait alors obligé de ménager la France
dans l'intérêt de sa propre conservation. Il s'était
embarqué dans la grande mesure de réforme par-
lementaire ; son existence se trouvait attachée au
succès de cette entreprise ; une guerre contre la
France aurait été a l'avantage de ses adversaires,
les *Torys;* l'état de l'opinion publique en Angleterre
ne lui permettait pas d'ailleurs de l'entreprendre.
Plus habile, le ministère anglais dissimulait peut-
être ses embarras ; mais ils étaient trop évidens
pour échapper à votre prévoyance.

Pour lord Grey la paix était une nécessité; pour
vous elle n'était que facultative ; mais dans cet
intérêt commun il y avait les bases d'un traité
d'alliance avec la France et l'Angleterre ; votre
cession de la Belgique en offrait le moyen ; la renonciation de la couronne offerte au duc de Nemours
aurait dû en hâter la conclusion ; jamais, avant de
l'obtenir ou de suppléer à ce traité par des stipulations équivalentes, la France ne devait consentir
au choix d'un prince allié à la couronne d'Angleterre ; votre consentement, en bonne politique,
ne pouvait devenir un acte de complaisance;
c'était un gage de votre union avec cette puissance,
qui, de son coté, vous devait des engagemens positifs.

J'arrive à cette Pologne héroïque dont le sort

avait si vivement excité la sympathie de la France, dont l'abandon et la fin malheureuse seront une tache éternelle pour les hommes qui, n'aguère apôtres de la liberté, sur les bancs de l'opposition en France et en Angleterre, semblent avoir renié, parvenus au pouvoir, leurs antécédens et leurs doctrines, et ont comtemplé, sans s'émouvoir, le massacre du peuple martyr.

Les panégyristes de votre cabinet ont fait preuve d'un rare talent et d'une grande éloquence pour persuader à la France, d'abord qu'on n'avait pas pu secourir la Pologne, et ensuite qu'en le faisant, on aurait allumé une guerre générale.

J'ai peine à comprendre comment des hommes politiques ont pu s'aveugler à ce point.

Leur erreur ne sera pas partagée, j'en ai la conviction, par les hommes qui ont quelque habitude de la manière dont se conduisent les affaires d'un grand État.

Au moment où éclata la révolution de Varsovie (le 29 novembre 1830), il était difficile, je l'avoue, que la France pût lui porter des secours. À peine avait-elle commencé ses propres armemens; et encore fallait-il que la résistance polonaise prît ce caractère de force et de nationalité qui seul pouvait autoriser une intervention en sa faveur.

Séparée de la Pologne par la Prusse et par la confédération germanique, avant que la France pût la secourir de ses armes, il appartenait à sa politique de diminuer le nombre d'ennemis que pouvait rencontrer sa médiation.

L'insurrection italienne n'eût-elle pas été produite par la seule force des choses, de tous les moyens qu'on pouvait employer pour secourir la cause polonaise, attirer toute l'attention et les forces de l'Autriche dans la Péninsule, était celui qu'un homme d'état se serait le plus tôt hâté de mettre à exécution.

Mais puisque cette insurrection n'était pas, dites-vous, votre ouvrage, résolu que vous étiez, dès votre entrée au pouvoir, à ne pas vous opposer à l'occupation de Modène et des légations par l'Autriche, comment, M. le Président du conseil, vous, homme positif et gouvernemental, quand vous alliez *céder* à une puissance étrangère sur une question d'influence et d'équilibre ; quand vous alliez permettre à une nation rivale d'envahir un État neutre, dont le territoire appartenait il y a quinze ans à la France ; lorsque cette condescendance devait déchaîner contre vous l'opinion du mouvement, comment dis-je, en échange de tous ces inconvéniens que vous encourriez, renonciez-vous à faire de votre non-intervention en Italie une base d'utiles négociations avec l'Autriche ?

Il s'agit pour cette puissance de la conservation de la plus belle partie de ses États ; la Lombardie menaçais de suivre l'exemple des légations. Les troupes allemandes suffiront à peine pour contenir la population du Milanais. La présence d'un seul uniforme français peut mettre toute l'Italie en combustion ; le Piémont se trouve déjà pressé par l'insurrection de Parme. La cour de Vienne a fait marcher l'élite de ses armes en Italie, où elle s'attend à vous combattre.

Et dans un tel état de choses, vous consentez à lui épargner tout le mal que vous pouvez lui faire ; et vous oubliez que l'empire à qui votre inaction épargne une lutte dont peut dépendre son existence est le voisin de la Pologne et allié de la Russie ?

Votre non-intervention en Italie pouvait arracher de la cour de Vienne :

1° L'engagement solennel d'observer une stricte neutralité dans la lutte entre la Pologne et la Russie;

2° L'obligation de joindre sa médiation à celle de la France pour assurer à la Pologne la jouissance des dispositions du congrès de Vienne, qui consacraient son indépendance et sa nationalité, sauf à reconnaître et à garantir à l'Autriche la conservation de la Gallicie.

Ces stipulations, que, dans son propre intérêt, l'Autriche ne devait pas repousser, vu la situation où elle se trouvait alors réduite, jointes à une amnistie qui eût garanti la vie et les biens des patriotes italiens compromis dans la révolution,

auraient pu justifier votre désistement du principe de non-intervention et l'abandon de votre
influence dans la Péninsule. C'était à la fois une
victoire gagnée pour la Pologne et une digue que
vous opposiez à l'entraînement de propagande
que votre système repoussait.

Mais si l'Autriche s'était refusée à ces concessions,
me répondra-t-on, nous aurions eu la guerre?
Oui, on aurait eu la guerre avec l'Autriche pour
faire respecter l'indépendance de peuples sur les-
quels il était de l'intérêt de la France de ressaisir
l'influence que depuis le règne de Charles VIII
elle a toujours cherché à conserver. Dans cette
guerre qui pour l'Italie entière aurait été le signal
de sa délivrance, la France aurait compté sur
tous les avantages et sur toutes les ressources que
lui offraient une terre amie, un sol riche et une
population dévouée. Combattus par vos soldats et
harcelés par les habitans, les Autrichiens auraient
bientôt éprouvé qu'un pays où l'administration
française a laissé d'aussi profonds souvenirs, et
qu'ils ont depuis eux-même, si cruellement traité,
n'était pas le théâtre où ils pussent long-temps
soutenir une guerre contre la France.

Mais ce n'était pas la guerre avec l'Autriche,
m'objectera-t-on encore, qui était seulement
à craindre pour la France, mais la certitude
que cette guerre allumerait une guerre générale.
Le contraire sera démontré; je vais prouver que

la guerre générale était alors impossible, et que dans aucun cas elle ne pouvait naître de la querelle entre la France et l'Autriche. Examinons quelles étaient les puissances qui auraient pu prendre part à la lutte.

D'abord la Russie, aux prises avec la Pologne, épuisait contre elle toutes ses forces, et ne pouvait, car c'était au plus fort de l'insurrection lithuanienne, disposer d'un seul régiment pour l'envoyer au secours de ses alliés.

La Prusse, à qui vous auriez fait entendre que, conformément à vos intentions pacifiques, vous respecteriez les traités de 1815 tant que les autres puissances les observeraient fidèlement, rassurée sur vos dispositions, compromettait trop grossièrement ses intérêts en vous déclarant la guerre. Mais supposant qu'elle l'eût fait, emportée par son entraînement militaire et par ses affections de famille, comment cette puissance aurait-elle pu vous atteindre, vous, n'allant pas l'attaquer dans ses États?

Aurait-elle envoyé ses armées à 200 lieues de ses frontières, et à travers l'Allemagne renforcer les Autrichiens en Lombardie?

Dans ce cas, son propre territoire restait ouvert aux armées françaises.

Admettez-vous plutôt que la Prusse serait venue vous envahir? Vos ennemis devenaient alors les agresseurs, alternative que vous avez paru toujours préférer.

Les moyens de défense que la France possède sont trop considérables pour pouvoir rendre un moment douteux le résultat d'une invasion prussienne. L'esprit qui anime les provinces Rhenanes autorise à croire que, repoussés loin du sol de la France, les agresseurs n'auraient pu se maintenir sur la rive gauche du fleuve. Les habitans de ce beau pays, Français d'affection et de mœurs, n'attendaient qu'un signal de leurs frères de l'Alsace ; ils étaient à vous.

Ainsi, sans provocation de la part de la France, sans qu'elle eût fourni le moindre prétexte aux accusations d'ambition et de soif de conquêtes, ses ennemis eux-mêmes lui auraient fourni l'occasion de reporter ses limites vers une frontière qu'on lui a si opiniâtrement contestée.

L'Angleterre, liée à vous par le traité conclu à l'occasion de l'arrangement des affaires de la Belgique, aurait déjà sanctionné à l'avance ses résultats, ou les discuterait avec vous à la conclusion de la paix qu'elle se serait hâté de ménager par sa médiation, ou qui aurait rendu plus certaine son alliance avec vous.

On contestera ces résultats en niant la possibilité du traité que j'ai posé comme la condition des arrangemens relatifs à la question belge. Il suffit d'observer que ces arrangemens étaient trop con-

formes à la politique et aux intérêts de l'Angleterre , pour qu'elle se fût refusée à vous rassurer
par un traité , au moment où vous mettiez en commun vos intérêts, et où les deux puissances mar-
chaient d'accord à travers les révolutions et les
bouleversemens qui se succédaient sur le continent. Sous peine de se traîner à sa suite, la France
ne pouvait marcher que l'égale de l'Angleterre, et
si l'amitié de cette puissance est sincère, comment
vous aurait-elle refusé ce gage de sa bonne foi ?

Mais il y a plus, et quiconque connaître l'Angleterre et aura étudié la marche de l'opinion
publique dans ce pays , ne le contestera pas.
Au moment de l'entrée des Autrichiens en Italie ,
on s'attendait à Londres à recevoir à chaque instant la nouvelle que l'armée française avait franchi
les Alpes. On croyait, aussi juste que conforme à
l'intérêt et à l'honneur de la France , qu'elle ne
permît pas à l'Autriche de disposer du sort de la
Péninsule.

Lord Grey, eût-il été d'un avis différent de celui de la presse et du public, le gouvernement se
serait cru impuissant à maitriser l'opinion sans
laquelle , en tout temps et sur toute matière , il
est impossible de gouverner en Angleterre. D'ailleurs, embarrassé alors (avril 1831) par les dif-
ficultés que lui suscitait le bill de réforme, dont
l'adoption à la majorité de deux seules voix par
la chambre des communes, avait nécessité la dis-

soution du parlement, le ministère anglais, fortement engagé dans la lutte avec l'aristocratie, qui faisait les plus grands efforts pour le renverver, aurait reculé devant l'impopularité et l'embarras de déclarer une guerre à la France pour de tels motifs. Lord Wellington, à la tête des *Torys*, s'il avait occupé le pouvoir, ne se serait pas cru, il l'a assuré lui-même, assez certain de l'appui de de l'opinion publique pour l'intenter.

L'Angleterre se serait probablement bornée à demander des explications sur la nature et la durée de l'occupation d'Italie. Pouvait-elle ne pas trouver suffisans les motifs qui obligeaient la France a empêcher l'Autriche de porter ses armes au-delà de ses propres limites, pour dicter ses lois à des états indépendans?

Le contraire aurait été de contester à la France le droit de soutenir des questions d'intérêt national, droit dont elle ne pourrait se dépouiller sans abdiquer son indépendance, et que la restauration avait exercé sans exciter de réclamations. Louis XVIII avait non seulement envahi l'Espagne, mais encore l'avait fait occuper par ses armées, pendant l'espace de trois ans. Charles X fit la conquête d'Alger, et dans l'un ni l'autre cas, l'Angleterre n'en avait fait un sujet de rupture. Vous auriez offert d'évacuer l'Italie, dès que les Autrichiens se seraient retirés en Lombardie.

Je crois avoir suffisamment démontré qu'en s'opposant à l'envahissement de l'Italie centrale par l'Autriche, on ne courait pas le risque d'allumer la guerre générale.

La vigueur et l'énergie d'une telle conduite eût été d'ailleurs tout-à-fait propre à donner de la force à votre administration pour contenir les factions à l'intérieur.

La dignité du pays ainsi satisfaite, les amis zélés de sa gloire ne se seraient plus pressés dans le rang de vos adversaires. Un grand empire vous était alors assuré sur les esprits ; il vous aurait servi à rallier les différentes nuances de l'opinion nationale, dont les perpétuelles divisions semblent être un malheur attaché aux doctrines libérales.

Au lieu de tous ces avantages, que la mâle résolution de braver l'Autriche aurait suffi à vous assurer ; qu'avez-vous obtenu ? en compensation,

De l'abandon de votre influence en Italie,

De l'infraction du principe de *non-intervention*, proclamé par votre diplomatie,

Du sacrifice d'une révolution conforme à vos principes et faite dans vos intérêts,

De la gloire attachée à répudier la tutelle où la France était tenue par l'étranger,

Quels sont les avantages assurés en retour des concessions faites à l'Autriche ?

On dirait que, dans cette grave et malheureuse affaire d'Italie, dans laquelle les événemens vous servaient si admirablement pour en tirer parti, vous avez été constamment aveuglé par un vertige dont vous aurait frappé le genie ennemi de la liberté attaché à votre poursuite, et qu'obéissant à l'antipathie haineuse que ce maléfice vous aurait inspirée, vous avez sacrifié toute considération politique au désir de faire écraser les malheureux révolutionnaires.

Si, du moins, négociant avec l'Autriche, vous aviez fait servir l'abandon de l'Italie à obtenir sa neutralité envers la Pologne, ce résultat aurait rendu efficace la méditation que plus tard vous avez intentée sans succès. L'Angleterre n'aurait pu prendre ombrage de cette démarche. Ni l'opinion personnelle de ses ministres, ni leur politique, ni les sentimens que la cause polonaise inspirerait au peuple anglais, n'autorisent à penser que l'intervention de la France, au profit de cette cause, eût pu devenir un sujet de mésintelligence avec votre allié.

A l'époque dont je parle, le brillant courage, les efforts héroïques, et surtout les succès éclatans des Polonais leur avaient gagné les cœurs dans toute l'Europe. L'enthousiasme s'était communiqué jusqu'aux cours de l'Allemagne, et les courtisans eux-mêmes, entrainés, par le torrent de l'opinion, faisaient éclater leur sympathie pour le peuple-héros.

Les circonstances, secondant les vœux de la France, permettaient donc d'employer, pour sauver cette cause sacrée d'honneur et d'humanité, les puissans moyens qui sont toujours à la portée d'une grande nation.

Sûr de l'amitié de l'Angleterre, ayant obtenu celle de l'Autriche au moyen de vos concessions sur l'Italie, où neutralisant la presque totalité des forces de cette puissance attirées dans la péninsule par la présence de vos armées, la Prusse devenait le seul obstacle à votre intervention en faveur de la Pologne. Mais la Prusse seule se serait-elle décidée à vous combattre aux frontières du Nord?

Vos prétentions n'étaient pas de nature à provoquer une déclaration de guerre de sa part.

Vous ne menaciez pas la sécurité de son territoire.

De même que l'Autriche, il fallait rassurer la Prusse sur le sort de ses provinces polonaises ; le duché de Posen devait lui être garanti, l'accomplissement des stipulations du congrès de Vienne relativement à la Pologne, être présenté comme le seul objet de votre médiation.

La neutralité de la Prusse obtenue, les Polonais n'avaient à faire qu'aux Russes, et ceux-ci, n'ayant pu s'appuyer sur les frontières prussiennes, au dire des célébrités militaires, le Pologne n'aurait pas succombé.

Le gouvernement français ne pouvait cependant pas se contenter de cette espérance, si la Prusse s'était refusée à permettre le libre passage des volontaires qui auraient voulu se rendre en Pologne ; la France en était réduite à s'emparer d'un port en Lithuanie, pour pouvoir fournir aux Polonais les secours d'armes et d'argent, dont ils ne pouvaient se passer. C'était, je l'avoue, un cas de guerre avec la Russie, mais non celui d'une guerre générale. Par vos négociations avec l'Angleterre et avec l'Autriche, au sujet de l'Italie et de la Belgique, ces deux puissances se seraient trouvées écartées d'une coalition, dont votre modération, votre désintéressement, votre amour de la paix, éloigneraient le renouvellement, autant que votre ferme volonté de faire respecter les intérêts français.

Ainsi, une brouille avec la Russie, car, séparée de toute l'Allemagne, elle n'aurait pu vous attaqeur qu'en entraînant toute l'Europe à sa suite; une brouille donc avec la Russie et une guerre possible avec la Prusse étaient les seuls obstacles qu'eût pu raisonablement rencontrer votre intervention en faveur de la Pologne. Des guerres que pouvait entraîner ce système, toutes d'intérêt positif, aucune n'était de nature

à allumer une conflagration générale en Europe.
Quelle puissance avait intérêt à y prendre part ?

Il convenait à l'Autriche de se montrer sage ,
et de se prêter à vos loyales propositions qui
lui assuraient la possesion de ses belles provinces
d'Italie.

La Prusse, rassurée que vous ne songiez pas à
lui enlever la rive gauche du Rhin , n'aurait probablement pas risqué une guerre qui pouvait lui
coûter ce territoire.

L'Angleterre, satisfaite par votre renonciation à
la Belgique , n'aurait plus eu de sujet de se que-
reller avec vous.

Peut-être était-il à craindre qu'après que les
puissances auraient accédé, en vertu de votre médiation au rétablissement de la neutralité polonaise, en conformité aux stipulations du congrès
de Vienne, la Pologne, à son tour, encouragée par
votre assistance , se fût refusée à reconnaître de
nouveau la dynastie russe. C'était un in-
convénient ; mais l'accord des puissances y aurait
facilement remédié.

L'exemple de ce qui s'est passé en Belgique , au
sujet de la royauté nouvelle, autorise à penser que,
comme dans le cas du prince Léopold , le choix
d'un souverain pour la Pologne aurait pu se faire
du consentement et au gré des grandes puissances.

La Russie seule aurait à eu se plaindre. Son

sort n'aurait été cependant que la réaction natu-
relle de l'agrandissement exorbitant acquis par
cette puissance en 1814, alors, que par sa dextérité
et sa finesse, elle joua la coalition; d'abord aux con-
férances de Dresde, et plus trard au congrés de
Vienne.

Si les moyens que je viens d'indiquer ne sont
pas ceux qu'il fallait employer pour obtenir le
rétablissement du royaume de Pologne, la sagesse
du gouvernement aurait-elle manqué d'en trouver
d'éfficacés ?

S'il en était autrement, il faudrait relèguer
comme entièrement fausse la maxime générale-
ment admise et constamment répétée par tous les
hommes d'état, par tous les publicistes, par tous
les écrivans célèbres, qui depuis cinquante ans
soutiennent que le démembrement de la Pologne,
fut la plus grande faute du règne de Louis XV,
que la France se manqua à elle-même et à l'Europe, en consentant à la consomation de ce grand
attentat.

La France de Louis XV était-elle donc plus puis-
sante, plus respectée que la France de nos jours?
L'état ou se trouvait alors l'Europe était-il plus
favorable aux entreprises du cabinet français?

Sous Louis XV, il aurait fallu combattre l'Autriche, la Prusse et la Russie, tandis que pour
obtenir l'exécution du traité de Vienne, relativement à la Pologne, vous n'auriez eu a lutter que

3

contre la Russie, les intérêts des deux autres puissances co-partageantes ayant été mis a couvert et garantis.

Il est donc évident a mes yeux, que la recommandation faite par la chambre, en faveur de la nationalité polonaise, dans son adresse en réponse au discours du trône, aurait pu recevoir une pleine et entière exécution.

Je cherche alors avec la douleur dont la chûte de la Pologne a pénétré les cœurs de tous les amis de la liberté et de la patrie, de tous les admirateurs de la vertu et du courage malheureux! par quelle inconcevable fatalité le peuple héroïque, ami de la France, admiré de l'Europe, respecté de ses ennemis eux-mêmes, tombe sous le fer des barbares, en dépit de l'intérêt universel qu'il inspire, et au mépris de l'auguste médiation que l'assemblée des représentans du peuple français avait interposée en sa faveur.

Le cabinet dont vous étiez le chef n'aurait-il pas partagé les sentimens de la chambre des député et ceux de la France entière, sur le sort de la Pologne? Faut-il rechercher les motifs de votre inaction dans la conviction, que vos devoirs comme ministre vous prescrivaient de fermer l'oreille au cri de l'humanité, et d'étouffer en votre cœur toute sympathie pour le peuple héroïque afin de n'écouter que la voix de votre conscience, vous parlant au nom des intérêts positifs de la France;

Toute froide, tonte égoïse qu'eut été cette politique, elle appartient a une école , et on eu pu comprendre que vous l'aviez adopté. Mais loin que vous ayez cherché a dissimuler ou a ne pas compromettre l'opinion du gouvernement sur cette question.

Voici le langage tenu à la chambre des députés, par votre collègue M. le ministre des affaires étrangères.

« Le gouvernement français comprit toute la
» gravité de la révolution polonaise. Le souvenir
» de cette nation, une ancienne sympathies,
» une confraternité d'armes entre les deux peuples
» l'intéressait vivement à sa cause; *il voulait la*
» *secourir*, mais pouvait-il se dissimuler les diffi-
» cultés d'une telle entreprise? »

Quoi ! le gouvernement français proclame à haute voix l'intérêt qu'il prend à la Pologne, il déclare à la face de l'europe qu'il adopte les sentimens de la France, qu'il *veut secourir* son amie ; et malgré votre intérêt, au mépris de votre médiation , de la douleur et de l'anxiété qu'éprouve la nation entière, la Pologne succombe, écrasée par les hordes asiatiques et tourne en vain ses regards vers cette France dont l'impuissante amitié ne peut rien pour sa fidèle alliée ?

Après les paroles descendues du trône en faveur de la Pologne , après la déclaration faite par la chambre au sujet de sa nationalité , après l'intérêt que le gouvernement lui-même témoignait à sa cause, ce n'est plus la Pologne , mais la France qui , aux yeux de l'Europe , a été vaincue et humiliée par la chûte du peuple qu'elle avait annoncé vouloir secourir.

Malheur aux nations qui cherchent à vous imiter, elles sont vouées à l'implacable vengeance des ennemis de la liberté ; le pouvoir de les frapper demeure entier dans leurs mains ; celui de porter secours à ses alliés semble seul avoir déserté la France.

Trois nations différentes se sont levés à votre exemple pour secouer le joug des traités de 1815 ; ces révolutions , nées de circonstances indépendantes de votre concours , étaient autant de victoires que le temps et la justice de votre cause, vous donnaient sur vos ennemis. Sans vous faire l'artisan des révolutions chez les autres , il était bien légitime de profiter de leurs revers ; l'œuvre des spoliateurs s'écroulant, d'elle-même appartenait-il à la France de la relever ?

En vue de pareils résultats, je ne puis me rendre compte d'après quels raisonnemens on pourrait concilier votre système de politique extérieure avec les réserves d'intérêt et d'honneur national, auxquelles vous aviez solennellement déclaré vouloir subordonner vos transactions avec l'étranger.

Préoccupé que je suis encore par cette pensée qu'en l'absence de larges vues politiques, on trouverait au moins dans les actes de votre gouvernement ce zèle commun et cette sollicitude vulgaire pour les intérêts de la France, dont on ne pourrait sans injure supposer dépourvu l'homme qui pour un seul instant consenta prendre dans ses mains les rênes d'un grand empire je cherche en vain où seraient les compensations, que vous auriez obtenu des puissances étrangères, en retour des concessions qui leur ont été faites, et des sacrifices que pour sa part la France consentait faire à une paix au maintien de laquelle chaque puissance avait au moins un intérêt égal au sien.

Toute question révolutionnaire mise de côté, les points en litige entre la France et l'Europe ayant cessé d'être des thèses de principes, ainsi que vous l'aviez déclaré au sein de la chambre ; votre gouvernement n'ayant plus rien à craindre dites-vous de l'Europe, les cabinets se trouvant complètement rassurés sur le compte de vos sympathies, n'était-ce pas le cas pour eux de se montrer aussi équitables envers la France qu'elle avait été généreuse à leur égard? Ont-ils consenti à vous accorder par la voie régulière des négociations, cette inffluence que vous n'aviez pas voulu chercher dans la fausse position de vos voisins? Les stipulations positives, les traités, les protocoles démentent-ils les accusations qui vous reprochent d'avoir cédé aux menaces de l'étranger?

La préoccupation générale de l'Europe, l'insécurité de tous les cabinets, l'inquiétude de tous les peuples, ce sentiment universel qui pendant quinze mois a dominé tous les esprits, n'ont-ils pas constaté d'une manière irrécusable, et comme la voix d'un grand jury, que le péril de rupture et de guerre était imminent; qu'il naissait de cette question ainsi posée par la force des choses; la France est-t-elle destinée à reprendre le rang de puissance prépondérante en Europe, ou continuera-t-elle à tenir le rôle secondaire qui lui fût assigné par les traités de 1815, sous le sceptre des Bourbons et de la branche aînée, rôle indigne d'une grande nation, et contre lequel l'opinion publique n'avait cessé de protester pendant quinze années.

Le peuple belge;

Le peuple italien;

Le peuple polonais;

se sont jetés au travers de l'Europe, et prenant place entre vos adversaires et vous, comme pour donner à la victoire l'occasion de se prononcer entre les deux camps, ont semblé dire : *voyons qui sera plus fort de la nouvelle France ou de l'ancienne coalition.*

Aujourd'hui la paix est faite repètent vos organes; à quelles conditions l'avez-vous obtenue?

En ne tenant compte que des intérêts positifs, la paix nous coûte :

La renonciation au territoire de la Belgique ;

Le refus d'une couronne pour un prince français ;

L'abandon de votre influence en Italie ;

Le douloureux sacrifice de la Pologne.

A côté de ces portes réelle consentis par vous dans l'intérêt du ropos de l'Europe ;

L'Angleterre, gagne une couronne pour un prince de sa maison ;

L'Autriche assure la conservation de l'Italie ;

La Russie conquiert un royaume.

Parlant politique et raison, de tels résultats ont-ils garanti l'honneur et les intérêts de la France ? A-t-elle acquis le rang, la considération, l'influence qui lui appartiennent dans les affaires du monde?

Appellé à fonder une dynastie nouvelle au milieu d'un peuple dout le principal grief contre l'ancienne dynastie, était sa pusillanimité et sa complaisance à l'égard de l'étranger, le roi Louis-Philippe, ou pour parler le langage de nos mœurs constitutionnelles, son premier ministre, en cédant si ouvertement à la crainte d'une collision avec les puissances, aurait-il avoué la faiblesse du pays et abdiqué pour la France ce droit de guerre (qui n'est autre que le sentiment de la force unie au bon droit), dont l'abandon aurait fait rougir le plus petit baron du moyen âge? J'avais mieux espéré de votre administration.

C'est un cruel désappointement pour moi qui, m'était plu à voir en vous le modèle d'un ministre libéral, d'être obligé de reconnaître que la ruine de nos intérêts et de nos principes soit l'ouvrage de l'homme, en qui j'avais d'abord placé ma confiance mon espoir.

Agréez l'assurance de la haute considération avec laquelle j'ai l'honneur d'être.

Votre très-humble et très-obéissant serviteur.

A. B. DE SAINT-ANDRÉ.

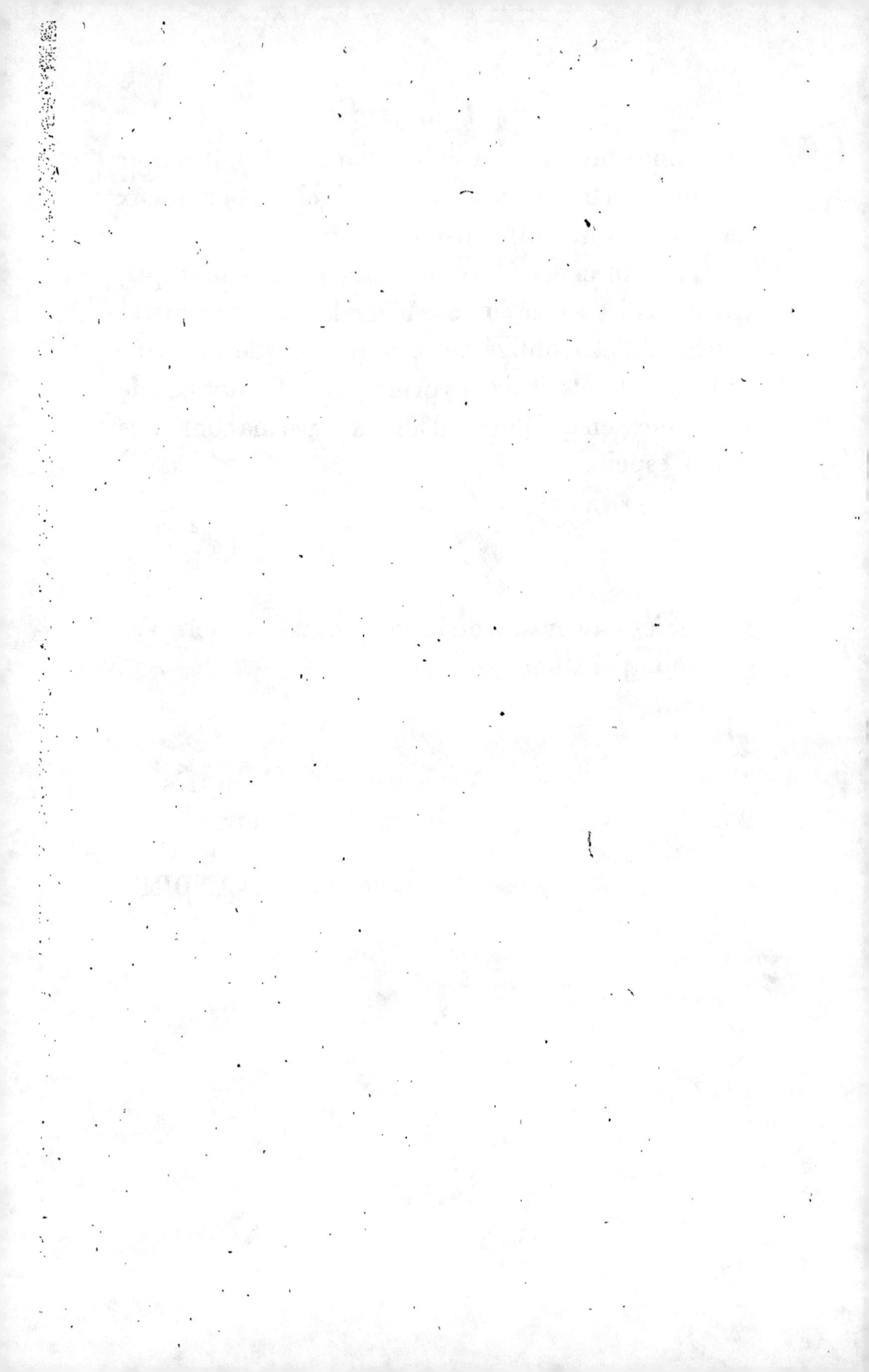

www.ingramcontent.com/pod-product-compliance
Lightning Source LLC
Chambersburg PA
CBHW060747280326

41934CB00010B/2390